AF283252

SSC_A_1128_05. Desarrollo de procesos de mediación comunitaria

Noelia Aranda Maiz

ic editorial

SSC_A_1128_05. Desarrollo de procesos de mediación comunitaria
© Noelia Aranda Maiz

1ª Edición

© IC Editorial, 2026

Editado por: IC Editorial
c/ Cueva de Viera, 2, Local 3
Centro Negocios CADI
29200 Antequera (Málaga)
Teléfono: 952 70 60 04
Fax: 952 84 55 03
Correo electrónico: iceditorial@iceditorial.com
Internet: www.iceditorial.com

ISBN: 979-13-7027-190-9
Depósito Legal: MA 571-2026

Impresión: PODiPrint
Impreso en Andalucía – España

Nota de la editorial: IC Editorial pertenece a Innovación y Cualificación S. L.

Presentación del manual

El **Certificado Profesional,** anteriormente llamado Certificado de Profesionalidad, constituye el Grado C en el Sistema de Formación Profesional, asociado a un perfil profesional. Acredita la capacitación para el desarrollo de una actividad profesional concreta a través de las competencias adquiridas. Tiene carácter parcial y acumulable cuando existan Ciclos Formativos (Grado D) en los que sus módulos profesionales se encuentren contenidos en su totalidad o en parte.

El elemento mínimo acreditable es el **Estándar de Competencia.** La suma de las acreditaciones de los Estándares de Competencia conforma la acreditación del **Módulo Profesional** (Grado B).

Un Estándar de Competencia se define como una agrupación de tareas productivas que realiza el profesional. Los diferentes Estándares de Competencia de un Certificado Profesional conforman la **Competencia General.** Definiendo el conjunto de conocimientos y capacidades que permiten el ejercicio de una actividad profesional determinada.

Cada Estándar o Estándares de Competencia lleva asociado un Módulo Profesional, donde se describe la formación necesaria para adquirir ese Estándar de Competencia, pudiendo dividirse en **Bloques Formativos** (Grado A).

El presente manual desarrolla el Bloque Formativo **SSC_A_1128_05. Desarrollo de procesos de mediación comunitaria,**

Perteneciente al Módulo Profesional **SSC_B_1128. Desarrollo comunitario,**

Asociado al Estándar/Estándares de Competencia:

- ⇨ **UC1020_3:** Establecer y mantener relación con los principales agentes comunitarios: población, técnicos y administraciones, dinamizando la relación recíproca entre ellos.
- ⇨ **UC1021_3:** Promover la participación ciudadana en los proyectos y recursos comunitarios.
- ⇨ **UC1023_3:** Intervenir, apoyar y acompañar en la creación y desarrollo del tejido asociativo.
- ⇨ **UC1025_3:** Aplicar procesos y técnicas de mediación en la gestión de conflictos entre agentes comunitarios.

del Certificado Profesional **SSC_C_009_5B. Intervención para la promoción de la igualdad de género en el ámbito comunitario y organizacional y la participación social de las mujeres.**

SSC_A_1128_05 **DESARROLLO DE PROCESOS DE MEDIACIÓN COMUNITARIA**	Tiene asociado el ◄———	**ESTÁNDARES DE COMPETENCIA** **UC1020_3** **UC1021_3** **UC1023_3** **UC1025_3**

Compuesto de los siguientes
BLOQUES FORMATIVOS

⋁

TÍTULOS —

SSC_A_1128_01. Diseño de proyectos comunitarios

SSC_A_1128_02. Realización de actividades para promover la participación ciudadana en procesos comunitarios

SSC_A_1128_03. Aplicación de recursos y estrategias para promover la comunicación y el intercambio de información entre los agentes comunitarios

SSC_A_1128_04. Apoyo y soporte técnico al tejido asociativo

SSC_A_1128_05. Desarrollo de procesos de mediación comunitaria

Contenidos
desarrollados
en este manu

SSC_A_1128_06. Realización de actividades de evaluación de los proyectos comunitarios

FICHA DE CERTIFICADO PROFESIONAL

SSC_C_009_5B. SERVICIOS SOCIOCULTURALES Y A LA COMUNIDAD
(Real Decreto 208/2025, de 18 de marzo)

COMPETENCIA GENERAL: Programar, desarrollar y evaluar intervenciones relacionadas con la promoción de la igualdad de género y la participación social de las mujeres, aplicando estrategias y técnicas del ámbito de la intervención social y detectando situaciones de riesgo de discriminación por razón de sexo.

Estándares de Competencias Profesionales		Ocupaciones o puestos de trabajo relacionados
UC1020_3	Establecer y mantener relación con los principales agentes comunitarios: población, técnicos y administraciones, dinamizando la relación recíproca entre ellos.	
UC1021_3	Promover la participación ciudadana en los proyectos y recursos comunitarios.	
UC1023_3	Intervenir, apoyar y acompañar en la creación y desarrollo del tejido asociativo.	
UC1025_3	Aplicar procesos y técnicas de mediación en la gestión de conflictos entre agentes comunitarios.	• Promotores/as de igualdad de trato y de oportunidades entre mujeres y hombres.
UC1453_3	Promover y mantener canales de comunicación en el entorno de intervención, incorporando la perspectiva de género.	• Promotores/as para la igualdad efectiva de mujeres y hombres.
UC1582_3	Detectar e informar a organizaciones, empresas, mujeres y agentes del entorno de intervención sobre relaciones laborales y la creación, acceso y permanencia del empleo en condiciones de igualdad efectiva de mujeres y hombres.	• Técnicos/as de apoyo en materia de igualdad efectiva de mujeres y hombres.
UC1583_3	Participar en la detección, análisis, implementación y evaluación de proyectos para la igualdad efectiva de mujeres y hombres.	
UC1454_3	Favorecer la participación de las mujeres y la creación de redes estables que, desde la perspectiva de género, impulsen el cambio de actitudes en la sociedad y el «empoderamiento» de las mujeres.	

Correspondencia con el Catálogo Modular de Formación Profesional		
Módulos profesionales	**Bloques formativos**	**Horas**
SSC_B_1128. Desarrollo comunitario (100 h)	SSC_A_1128_01. Diseño de proyectos comunitarios	15
	SSC_A_1128_02. Realización de actividades para promover la participación ciudadana en procesos comunitarios	20
	SSC_A_1128_03. Aplicación de recursos y estrategias para promover la comunicación y el intercambio de información entre los agentes comunitarios	15
	SSC_A_1128_04. Apoyo y soporte técnico al tejido asociativo	15
	SSC_A_1128_05. Desarrollo de procesos de mediación comunitaria	20
	SSC_A_1128_06. Realización de actividades de evaluación de los proyectos comunitarios	15

>>>

Correspondencia con el Catálogo Modular de Formación Profesional		
Módulos profesionales	**Bloques formativos**	**Horas**
SSC_B_1401. Información y comunicación con perspectiva de género (250 h)	SSC_A_1401_01. Análisis de los procesos de comunicación desde la perspectiva de género	50
	SSC_A_1401_02. Detección de situaciones de discriminación por razón de género en los procesos de comunicación e información	55
	SSC_A_1401_03. Diseño de actuaciones de comunicación e información desde la perspectiva de género	55
	SSC_A_1401_04. Implementación de actuaciones de comunicación e información no sexistas	45
	SSC_A_1401_05. Evaluación de actuaciones de comunicación e información desde la perspectiva de género	45
SSC_B_1403. Promoción del empleo femenino (250 h)	SSC_A_1403_01. Caracterización de la situación de la mujer en materia de empleo	45
	SSC_A_1403_02. Organización de actividades de promoción de igualdad efectiva en materia de empleo	50
	SSC_A_1403_03. Organización de actividades de asesoramiento y prospección de empresas	55
	SSC_A_1403_04. Desarrollo de procesos de orientación e información a las mujeres en materia de empleo	55
	SSC_A_1403_05. Realización de actividades de seguimiento del proceso de promoción del empleo	45
SSC_B_1404. Ámbitos de intervención para la promoción de igualdad (190 h)	SSC_A_1404_01. Caracterización del entorno de intervención desde la perspectiva de género	30
	SSC_A_1404_02. Diseño de estrategias para la igualdad efectiva entre hombres y mujeres	25
	SSC_A_1404_03. Organización de acciones para informar y sensibilizar sobre el trabajo no remunerado de las mujeres en el ámbito doméstico	30
	SSC_A_1404_04. Aplicación de estrategias para informar y sensibilizar sobre las medidas de conciliación en los diferentes ámbitos y contextos de intervención	25
	SSC_A_1404_05. Realización de actividades de control y seguimiento de la intervención en materia de igualdad efectiva	30
SSC_B_1405. Participación social de las mujeres (100 h)	SSC_A_1405_01. Caracterización de la participación social de las personas	15
	SSC_A_1405_02. Diseño de estrategias para promover la participación social de las mujeres en el ámbito público	15
	SSC_A_1405_03. Diseño de estrategias para promover el empoderamiento de las mujeres	15
	SSC_A_1405_04. Desarrollo de estrategias de intervención en procesos grupales	15
	SSC_A_1405_05. Desarrollo de procesos de acompañamiento y asesoramiento a mujeres	20
	SSC_A_1405_06. Realización de actividades de evaluación de los proyectos comunitarios	20
1782. Prevención de riesgos laborales		30

Índice

OBJETIVOS GENERALES

Los objetivos generales de **SSC_A_1128_05. Desarrollo de procesos de mediación comunitaria,** son:

- ⮞ Obtener información relevante para caracterizar la situación de conflicto.
- ⮞ Argumentar si la situación analizada es susceptible de mediación.
- ⮞ Respetar las fases y condiciones de realización del proceso de mediación comunitaria.
- ⮞ Argumentar la selección de las técnicas y procedimientos empleados.
- ⮞ Mantener una actitud de escucha activa durante el proceso de mediación.
- ⮞ Establecer las líneas de actuación para realizar la evaluación del proceso y el seguimiento de los acuerdos.
- ⮞ Cumplimentar la documentación asociada al proceso de mediación.
- ⮞ Valorar la necesidad de que la información asociada al proceso sea fiable, válida y confidencial.

Unidad de aprendizaje 1

Gestión de conflictos y fundamentos en la mediación comunitaria

Contenido

Objetivos

Los objetivos específicos de esta Unidad de Aprendizaje son:

→ Comprender los conceptos básicos relacionados con el conflicto comunitario.

→ Identificar los factores sociales, culturales y estructurales que influyen en los conflictos en la comunidad.

→ Reconocer los tipos de conflictos comunitarios y sus principales causas.

→ Analizar cuándo la mediación es adecuada y qué límites éticos y legales presenta.

→ Identificar los principios y los valores fundamentales de la mediación comunitaria.

→ Conocer las fases del proceso de mediación y las técnicas básicas de comunicación y escucha activa implicadas.

1. Introducción

La convivencia en una comunidad está marcada por la diversidad de intereses, valores, culturas y formas de vida. Esta diversidad enriquece la vida comunitaria, pero también puede dar lugar a tensiones y conflictos cuando no se gestionan de manera adecuada.

En los procesos de intervención social orientados a la promoción de la igualdad, la mediación comunitaria desempeña un papel fundamental, ya que permite gestionar conflictos de forma pacífica, reducir desigualdades en la participación y fomentar relaciones más inclusivas y equitativas dentro de la comunidad.

La mediación comunitaria surge como una herramienta clave para favorecer el diálogo, prevenir escaladas de tensión y construir soluciones colectivas desde la participación y la corresponsabilidad. Para ello, es fundamental conocer las características de los conflictos comunitarios, identificar los factores que los originan y comprender cuándo la mediación es el recurso más adecuado. Además, resulta imprescindible familiarizarse con las fases del proceso y las técnicas de comunicación que guían una intervención mediadora eficaz.

En este contexto, resulta ilustrativo el caso del **barrio Los Almendros**. Este barrio, caracterizado por su diversidad cultural y su fuerte tejido vecinal, ha experimentado en los últimos años pequeños conflictos relacionados con el uso de espacios públicos, la convivencia intergeneracional y la gestión comunitaria de servicios compartidos. La puesta en marcha de un servicio de mediación comunitaria permitió no solo resolver estas situaciones, sino también fortalecer los lazos vecinales, mejorar la comunicación entre colectivos y fomentar un clima de respeto, participación e igualdad.

2. Gestión de conflictos en el ámbito comunitario

 **HILO CONDUCTOR**

En el barrio de Los Almendros, la convivencia entre vecinas y vecinos se ha visto afectada por desacuerdos en el uso de los espacios comunes y por diferencias culturales entre grupos recién llegados y residentes de larga trayectoria. Estas

Continúa en página siguiente >>

<< Viene de página anterior

tensiones han generado malentendidos y un clima de desconfianza. Ante esta situación, el equipo comunitario decidió analizar los conflictos y sus causas para comprender mejor las necesidades y los intereses de las partes implicadas.

Los conflictos en el **ámbito comunitario** surgen cuando diversas personas o grupos interactúan, teniendo distintos intereses, valores o percepciones, siempre en un mismo espacio de convivencia. Para poder intervenir de forma eficaz en estos conflictos es necesario entender las tipologías y los elementos que los integran.

Además, es importante tener en cuenta que estos procesos implican no solo diferencias individuales, sino dinámicas sociales y culturales dentro de cada comunidad. Si queremos abordarlos de **forma justa e inclusiva,** se deben reconocer estas necesidades y particularidades.

El diálogo y la participación comunitaria son esenciales para abordar los conflictos y construir convivencia.

2.1. Concepto, características y tipologías del conflicto comunitario

Cuando hablamos de **conflicto,** tenemos que tener en cuenta que es un concepto definido desde distintas esferas como la social, la jurídica, la criminológica, la psicológica, la política o la antropológica, lo que conlleva que haya una gran variedad de definiciones dependiendo de la ciencia desde la que se trabaje. Una de las definiciones más usadas es la ofrecida por Redorta, que considera que el conflicto es un proceso cognitivo-emocional en el que las dos partes perciben que tienen metas incompatibles dentro de su relación y desean resolver sus diferencias.

Así, el **conflicto comunitario** es una situación en la que diferentes personas, grupos o entidades de una comunidad tiene percepciones, valores, necesidades y/o intereses que generan tensión o dificultan la convivencia. No obstante, el conflicto es una oportunidad y una necesidad para un sistema social armónico.

Para comprender mejor cómo se desarrollan los conflictos en la comunidad, es útil conocer las características y las tipologías de los conflictos, así como las respuestas y los resultados más habituales que pueden darse en estos procesos.

Características

Las características principales del conflicto comunitario serían:

- ⮑ Multiplicidad de actores (vecindario, asociaciones, servicios públicos, entidades privadas).
- ⮑ Intereses diversos y a veces incompatibles.
- ⮑ Implicación emocional y relacional, dado que se producen en contextos cercanos.
- ⮑ Impacto social, ya que pueden influir en la convivencia y la participación ciudadana.

Tipologías

Las tipologías más frecuentes son:

- ⮑ **Conflictos por recursos y servicios:** uso de espacios públicos, equipamientos, movilidad, acceso a servicios comunitarios.
- ⮑ **Conflictos relacionales o de convivencia:** problemas vecinales, diferencias culturales, ruidos, convivencia intergeneracional.
- ⮑ **Conflictos de valores y diversidad:** género, origen cultural, identidad, creencias, formas de vida.
- ⮑ **Conflictos institucionales y de participación:** discrepancias con la Administración, falta de comunicación, procesos participativos.

Respuesta a los conflictos

Los conflictos pueden tener distintas respuestas, siendo infinitas las opciones que pueden tomar las personas ante un conflicto. No obstante, hay cuatro que suelen ser las más habituales:

- ⮕ **Huida:** implica no dialogar, opinar y/o encarar el conflicto, simplemente se evade la oportunidad esperando que se solucione solo.
- ⮕ **Evitación:** no se afronta el problema, no se informa a la otra parte del conflicto y, por tanto, el conflicto sigue provocando consecuencias.
- ⮕ **Lucha:** el conflicto puede ser aceptado y, por tanto, ir a ganarlo. La lucha se considera un mecanismo para decidir quién es el ganador.
- ⮕ **Cesión:** es habitual, también, ceder en un conflicto a lo que quiere la otra parte.

Resultados de los conflictos

Los conflictos pueden desembocar en distintos resultados, siendo los más habituales los siguientes:

- ⮕ **Yo gano, tú pierdes:** es el escenario que casi siempre surge en nuestra mente; hay una parte vencedora (nosotras/os) y una vencida (ellos/as).
- ⮕ **Yo pierdo, tú ganas:** el mismo caso que el anterior, pero intercambiando los papeles. Nosotras/os perdemos y la parte contraria gana.
- ⮕ **Todos/as perdemos:** puede suceder que ni una parte ni la otra acabe venciendo.
- ⮕ **Todas/os ganamos:** no se suele visualizar como la forma más habitual de resolver un conflicto; sería donde las oportunidades son más elevadas para ambas partes, donde hay más empatía y satisfacción.

 **EJEMPLO**

En un barrio se abre una terraza hotelera que crea malestar entre las personas residentes debido al ruido nocturno. A su vez, el establecimiento defiende que su actividad es legítima y necesaria para mantener el negocio y el empleo.

Este conflicto comunitario implica:

- Intereses distintos.
- Emociones e impacto directo en la convivencia.
- Necesidad de diálogo y reglas compartidas para convivir.

Aquí entraría la mediación comunitaria, que permite que ambas partes se escuchen y acuerden medidas como horarios, límite de aforo o instalación de elementos acústicos.

2.2. Factores socioculturales, estructurales y de comportamiento que influyen en el conflicto

Los conflictos comunitarios no surgen de manera aislada; están influenciados por el contexto social, cultural y estructural en el que se desarrollan. Según Galtung, estos factores pueden agruparse en tres grupos:

- **Factores socioculturales:** se refiere al conjunto de creencias, valores, símbolos, ideas, costumbres, lenguaje y mitos que constituyen argumentos para apoyar actos de paz o actos violentos.
- **Factores estructurales:** las propias sociedades provocan la perpetuación de determinadas circunstancias de desigualdad, exclusión, explotación o ausencia de equidad.
- **Factores de comportamiento:** al unir los factores estructurales con los culturales surgen los factores de comportamiento, que son desde conductas violentas como peleas físicas, violencia psicológica, destrucción de mobiliario urbano… hasta comportamientos pacíficos, donde hay una escucha activa y se dialoga con las demás personas.

Además, es imprescindible hacer referencia también a las distintas causas que generan los conflictos, es decir, al origen de los conflictos en las comunidades:

- **Conflictos de valores:** surge cuando las partes tienen distintas creencias, valores o ideas y, además, quieren imponerlas a las demás personas por medio de métodos violentos o coercitivos.
- **Conflictos de relación:** son considerados normalmente innecesarios, y son fruto de distintos problemas dentro de las relaciones entre las personas, como una falta de comunicación, emociones y conductas negativas, una percepción negativa o influenciada, etc.
- **Conflictos de datos o información:** provocados por una información escasa o insuficiente, o por una interpretación errónea de la información entre las partes.
- **Conflictos de intereses:** cuando las partes consideran sus intereses incompatibles o antagónicos.
- **Conflictos estructurales:** desigualdad de poder, de acceso a los recursos, de participación, de autoridad y dominio entre las partes.

IMPORTANTE

Identificar la causa principal ayuda a diseñar estrategias más eficaces de mediación y convivencia.

2.3. Técnicas e instrumentos para el análisis y el diagnóstico del conflicto

Antes de intervenir en un conflicto comunitario, es imprescindible realizar un diagnóstico que permita comprender qué está sucediendo, quiénes están implicados, cuáles son sus necesidades y cómo afecta a la convivencia.

Para ello, se utilizan diferentes técnicas e instrumentos que facilitan la recogida, la organización y la interpretación de la información, siendo las más habituales:

- **Entrevistas individuales y grupales:** ayudan a conocer las percepciones y las necesidades de las partes implicadas.
- **Observación directa del contexto:** consiste en observar para identificar las dinámicas de convivencia, los estilos de comunicación, los comportamientos cotidianos y los posibles focos de tensión.
- **Mapeo de actores y relaciones:** ayuda a visualizar qué personas o grupos están implicados y cuáles son sus intereses.
- **Línea del tiempo:** sirve para reconstruir cómo se ha desarrollado el conflicto, sus causas, los momentos clave y las situaciones que han intensificado las tensiones existentes.
- **Análisis documental:** se refiere a revisar normativa comunitaria, actas vecinales, registros municipales, quejas o comunicaciones previas.
- **Técnicas participativas:** por ejemplo, mesas de diálogo, asambleas, dinámicas grupales o talleres, que permiten escuchar diversas voces y promover soluciones colectivas.

Para analizar un conflicto comunitario de forma clara y objetiva también puedes utilizar una ficha de análisis. Este tipo de herramienta ayuda a identificar los elementos clave y comprender mejor la situación antes de intervenir.

Una ficha básica debería incluir:

Elemento	Preguntas guía
Descripción del conflicto	¿Qué ha ocurrido? ¿Dónde y cuándo?
Actores implicados	¿Quiénes participan? ¿Cómo están involucrados?
Intereses y necesidades	¿Qué quiere cada parte? ¿Qué necesita realmente?
Causas y factores	¿Qué ha generado el conflicto? ¿Qué lo mantiene?
Impacto	¿Cómo afecta a la convivencia o al contexto comunitario?
Posibles recursos	¿Qué agentes, servicios o redes pueden apoyar la resolución?

Esta ficha ayuda a estructurar la información y reduce sesgos, haciendo que la intervención sea más eficaz.

 ACTIVIDAD 1

En el barrio de Los Almendros ha surgido un conflicto por el uso de un espacio comunitario. El equipo de mediación está recopilando información para entender la situación. Señala cuál de las siguientes acciones no forma parte de un proceso adecuado de diagnóstico del conflicto:

a. Realizar entrevistas individuales a representantes vecinales y colectivos implicados.
b. Observar el entorno y las dinámicas entre las personas usuarias del espacio comunitario.
c. Mapear a los actores implicados y analizar los intereses y las necesidades de cada grupo.
d. Tomar decisiones inmediatas para resolver el conflicto sin recopilar información, para evitar que la situación se complique.

3. La mediación comunitaria: concepto, idoneidad y principios básicos

☞ HILO CONDUCTOR

En Los Almendros, después de los primeros análisis, la asociación vecinal propuso poner en marcha un servicio de mediación comunitaria. Sin embargo, algunas personas mostraron dudas. Entonces, se realizó un seminario sobre qué es la mediación, cuándo conviene aplicarla y cuáles son los principios que garantizan un proceso justo y seguro para todas las partes.

La **mediación comunitaria** supone devolver a la ciudadanía el poder para resolver sus propios conflictos a través de un proceso democrático. Es decir, abre nuevos espacios de carácter social donde el objetivo es evitar la judicialización y obtener soluciones. Así, el mediador o la mediadora debe facilitar la negociación teniendo en cuenta que las partes tendrán que seguir relacionándose.

La mediación facilita el encuentro y el acuerdo entre las partes para resolver conflictos de forma constructiva.

3.1. Qué es la mediación comunitaria y cuándo aplicarla

La **mediación comunitaria** es una práctica facilitada por un equipo especialista que contribuye a la creación de espacios y procesos de diálogos participativos, entre individuos o colectivos, y busca crear un ambiente favorable para la gestión de los conflictos; es complementaria a la justicia y alternativa a la violencia. Es un espacio de resiliencia cultural donde todas las personas de la comunidad tienen voz.

Además de intervenir cuando el conflicto ya está presente, la mediación comunitaria **tiene también una función preventiva: busca anticipar tensiones, promover la comunicación y apoyar el tejido comunitario antes de que surjan consecuencias negativas.**

Así, los objetivos de la mediación comunitaria son:

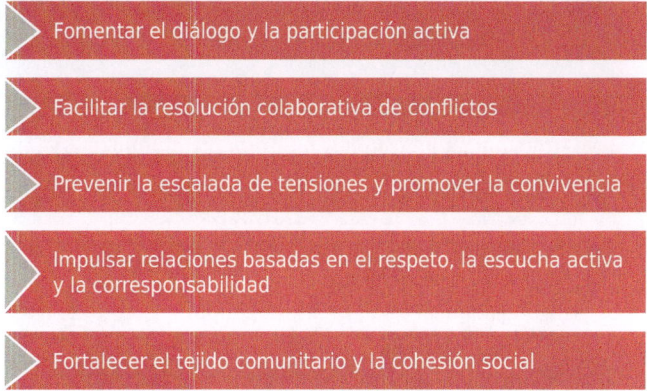

Fomentar el diálogo y la participación activa

Facilitar la resolución colaborativa de conflictos

Prevenir la escalada de tensiones y promover la convivencia

Impulsar relaciones basadas en el respeto, la escucha activa y la corresponsabilidad

Fortalecer el tejido comunitario y la cohesión social

La mediación comunitaria se utiliza en contextos donde conviven diferentes personas, grupos o entidades, y es necesario facilitar el diálogo y la convivencia. A continuación, se muestran algunos de los ámbitos más habituales:

- ⇒ **Espacios vecinales y comunitarios:** gestión de desacuerdos entre el vecindario, uso de espacios comunes o normas de convivencia.
- ⇒ **Centros educativos:** conflictos entre el alumnado, las familias o la comunidad educativa en procesos de convivencia escolar.
- ⇒ **Servicios sociales y comunitarios:** mediación en procesos de inclusión, diversidad cultural o acceso a recursos comunitarios.
- ⇒ **Asociaciones:** desacuerdos internos, coordinación de proyectos o participación comunitaria.
- ⇒ **Relaciones interculturales e intergeneracionales:** prevención y resolución de conflictos basados en diferencias culturales, generacionales o de valores.
- ⇒ **Administración pública – ciudadanía:** participación comunitaria, corresponsabilidad y gestión de conflictos entre instituciones y vecindario.

Del mismo modo, para que una situación pueda abordarse mediante mediación comunitaria deben cumplirse una serie de condiciones mínimas que garanticen un proceso seguro, ético y viable.

Las condiciones principales son:

Voluntariedad
- Las partes aceptan participar sin presiones externas.
- Comprenden en qué consiste el proceso.

Cierto equilibrio entre las partes
- Ninguna se encuentra en una posición de vulnerabilidad extrema que le impida comunicarse libremente o defender sus intereses.

No existen indicios de delitos, violencia, coacciones o situaciones que requieran intervención judicial o policial
- La mediación solo puede aplicarse cuando no existen esos casos.
- En esos casos, deben activarse otros recursos especializados.

El conflicto debe ser negociable
- Debe estar relacionado con la convivencia, el uso de espacios, la comunicación o intereses contrapuestos.
- No pueden ser cuestiones no mediables como las sanciones administrativas.

Confidencialidad, seguridad emocional y física
- Se debe poder garantizar la confidencialidad, la seguridad emocional y física, y el cumplimiento de los principios éticos que rigen la práctica mediadora.

 **PARA SABER MÁS**

El Ayuntamiento de Barcelona posee el Servicio de Mediación Comunitaria, donde ofrecen acompañamiento al vecindario, las entidades y las comunidades ante los distintos conflictos de convivencia, el uso del espacio o las relaciones entre colectivos. Además, también desarrollan acciones preventivas. Accede desde aquí para conocer más.

Continúa en página siguiente >>

<< Viene de página anterior

https://redirectoronline.com/1128050101

3.2. Criterios de exclusión, limitaciones éticas y legales

La mediación comunitaria es una herramienta que facilita el diálogo y la convivencia; no obstante, no siempre es el recurso adecuado. Es fundamental evaluar cada caso concreto y analizar las necesidades de cada colectivo para ver si se dan las condiciones para iniciar el proceso, por lo que es imprescindible conocer los criterios de exclusión y las limitaciones éticas y legales más habituales:

Criterios de exclusión
- Cuando no hay voluntariedad de alguna de las partes.
- Cuando existen relaciones de poder muy desiguales que impiden un diálogo equilibrado.
- Existencia de violencia activa, amenazas o coacción.
- Presencia de delitos o indicios que requieren intervención judicial.
- Imposibilidad de alguna parte para comprender o participar adecuadamente.
- Cuando se busca ganar o señalar culpables (no resolver).

Limitaciones éticas y legales
- Respeto a la dignidad y los derechos de todas las personas.
- Confidencialidad del proceso y la protección de datos personales.
- Neutralidad e imparcialidad de la persona mediadora.
- Igualdad y equidad entre las partes.
- Suspensión del proceso si existe riesgo o vulneración de derechos.

3.3. Principios fundamentales de la mediación comunitaria

Los procesos de mediación comunitaria se sostienen sobre una serie de **principios** que buscan orientar la actuación profesional para asegurar que el proceso sea justo, seguro y respetuoso con los derechos de todas las partes implicadas.

Los principios que guían la práctica mediadora en el ámbito comunitario son:

- **Imparcialidad o neutralidad:** la persona mediadora no debe realizar ningún tipo de discriminación ni debe beneficiar o perjudicar a ninguna de las personas que forman parte del proceso.
- **Voluntariedad:** las partes quieren participar en el proceso sin que exista coacción u obligación. A su vez, las partes deben conocer en qué consiste el proceso para poder aceptarlo de forma voluntaria.
- **Privacidad:** el proceso debe mantenerse en privado, sin intervenciones de terceras personas, y es la persona mediadora la que debe salvaguardar esta privacidad.
- **Confidencialidad:** nadie que participe en el proceso puede revelar aquello que ocurre, se acuerde o se dialogue.
- **Seguridad y libertad:** se debe preservar la seguridad física y psicomoral de las partes, por lo que no se deben sentir agredidas o intimidadas durante el proceso. Las personas deben sentirse libres de expresar sus pensamientos, sus emociones, sus intereses y sus deseos.
- **Igualdad y equidad:** las partes deben encontrarse en igualdad de condiciones; además, deben tener las mismas posibilidades comunicativas, siendo también tarea de la persona mediadora garantizar que una parte no esté en ventaja sobre la otra.
- **Flexibilidad:** la mediación es un proceso y, por tanto, evoluciona de distintas formas. La persona mediadora debe tenerlo en cuenta para adaptarse si las circunstancias lo requiere.

 **RECUERDA**

Estos principios son la base que garantiza un proceso seguro, justo y participativo. Su aplicación es obligatoria y ayuda a generar confianza, facilita el diálogo y asegura que todas las personas y los colectivos implicados se sientan escuchados y respetados.

3.4. Valores en la mediación: diálogo, respeto y participación social

La mediación comunitaria se basa en los principios vistos anteriormente y también en una serie de valores que fortalecen la convivencia, fomentan la cohesión social y garantizan que el proceso sea transformador y no solo resolutivo.

Los tres valores principales son:

Diálogo	- El diálogo es la herramienta fundamental de la mediación. Consiste en crear espacios seguros donde las personas puedan expresar sus experiencias, sus preocupaciones y sus necesidades de forma abierta. A través del diálogo, se favorece la comprensión mutua y se construyen soluciones compartidas.
Respeto	- Implica reconocer la dignidad y los derechos de todas las personas, aceptando la diversidad de opiniones, sus trayectorias y sus formas de vida. Se refiere a la escucha activa, el trato igualitario, la ausencia de juicios y la aceptación de las diferencias como valor social.
Participación social	- La mediación comunitaria promueve la implicación activa de la comunidad en la prevención y la resolución de conflictos. La participación permite que las personas sean protagonistas de las soluciones, refuerza el sentido de pertenencia y aumenta la capacidad colectiva para afrontar futuras situaciones de conflicto.

ACTIVIDAD COMPLEMENTARIA

1. Busca un servicio o un programa de mediación comunitaria en tu ciudad o comunidad autónoma. Identifica y describe brevemente el nombre del servicio, a quién va dirigido y qué tipos de conflictos atiende.

TAREA 1

En el barrio de Los Almendros, dos comunidades de vecinos comparten un patio interior donde se realizan actividades diversas: juegos infantiles, celebraciones puntuales y reuniones informales. En los últimos meses, algunos residentes han denunciado ante el Ayuntamiento que un grupo de vecinos utiliza el patio para hacer encuentros nocturnos que generan ruido y dificultan el descanso. Por su parte, el grupo señalado afirma que no existen normas internas claras, que siempre han usado ese espacio y que sienten que el resto del vecindario está actuando de forma hostil hacia ellos.

El Ayuntamiento valora iniciar una mediación comunitaria, pero antes solicita un informe previo para determinar si el caso es adecuado para este proceso y, en caso afirmativo, qué condiciones y fases deberían contemplarse.

¿Consideras que esta situación es susceptible de mediación comunitaria? Explica tu respuesta justificando qué elementos del caso permiten (o impiden) iniciar un proceso de mediación. En caso de considerar viable la mediación, indica qué condiciones mínimas deberían asegurarse antes de comenzar.

Describe brevemente cómo se desarrollarían las fases principales del proceso de mediación en este caso.

Indica dos riesgos éticos o legales que deberían tenerse en cuenta durante el proceso.

---

4. Realización de procesos de mediación comunitaria

 HILO CONDUCTOR

Con el servicio de mediación ya aprobado, en el barrio de Los Almendros se seleccionó al equipo mediador. Su reto fue guiar a las partes hacia acuerdos sostenibles, fomentando la escucha, la negociación colaborativa y la gestión

Continúa en página siguiente >>

<< Viene de página anterior

emocional. En esta fase, el equipo necesitó dominar las etapas del proceso de mediación y aplicar técnicas específicas para facilitar el diálogo, favorecer la cooperación y construir soluciones compartidas.

La mediación comunitaria se desarrolla mediante un **proceso estructurado** que guía a las partes desde el reconocimiento del conflicto hasta la construcción de acuerdos. Para que sea efectiva, es necesario comprender sus fases, aplicar técnicas específicas de gestión de conflictos y fomentar una comunicación constructiva basada en el respeto, la escucha activa y la colaboración.

La mediación comunitaria ayuda a ordenar ideas y construir soluciones encajando las necesidades y las perspectivas de todas las partes.

4.1. Identificación de las etapas del proceso de mediación

El proceso de mediación comunitaria se estructura en diferentes fases que permiten avanzar de forma ordenada y segura hacia la resolución del conflicto. Aunque puede adaptarse según el contexto, la mayoría de los modelos comparten los seis siguientes pasos fundamentales:

- ⮑ **Premediación:** es el proceso de preparar la mediación, es decir, el tiempo que transcurre entre que se recibe el encargo, se conoce el caso y se pone en contacto con las partes. Este paso es muy relevante debido a que, cuanto más conozca el caso la persona que media, más ayudará a las partes a sentirse confiadas en las posibilidades del proceso.
- ⮑ **Inicio del proceso:** la persona que media debe presentarse, explicar a las partes el proceso y comunicarles qué se espera de ellas a lo largo de las

reuniones. Del mismo modo, debe hacerles entender que el proceso lo protagonizan ellas, por lo que su participación ha de ser de forma activa. Además, se empieza a hablar del conflicto que ha llevado a las partes al proceso de mediación para recoger las distintas percepciones, objetivos y expectativas.

- **Definición del problema:** a partir de la información recopilada en la fase anterior, se pone el problema en el centro. Aquí se identifica el conflicto o los conflictos, definiendo entre las partes el problema, para poder construir conjuntamente desde ese punto. Se debe potenciar la escucha entre las partes.
- **Búsqueda de opciones:** a veces, los procesos de mediación se estancan, por lo que la persona mediadora debe dinamizar para buscar conjuntamente nuevas opciones para avanzar en la discusión.
- **Elaboración de acuerdo:** se busca impulsar soluciones que representen y acepten las partes, compartiendo la historia y centrándonos en los intereses. Se propondrá quién hace el qué, cuándo, cómo y dónde.
- **Conclusiones y acuerdo definitivo:** se redactan los acuerdos definitivos, aceptados y firmados por las partes, comprometiéndose a llevarlos a la práctica.

Aunque estas fases siguen un orden lógico, la mediación comunitaria es un **proceso flexible:** en ocasiones es necesario volver a pasos anteriores, profundizar en aspectos emocionales o ampliar la información disponible para avanzar.

 VÍDEO

En el siguiente vídeo se explica con claridad qué es la mediación comunitaria, quiénes participan, cómo se organiza, cómo son las distintas fases que seguir y por qué es una herramienta clave y eficaz en la resolución de conflictos. Accede desde aquí para verlo.

https://redirectoronline.com/1128050102

4.2. Aplicación de técnicas de gestión de conflictos en la comunidad

Durante todo el proceso de mediación comunitaria, la persona mediadora utiliza diferentes técnicas para facilitar la comunicación, gestionar emociones y favorecer un clima de colaboración. Aplicar estas técnicas ayuda a las partes implicadas a hablar de sus percepciones y emociones, y las orienta hacia la búsqueda de soluciones.

A continuación, detallamos algunas de las técnicas más utilizadas.

Reformulación

Consiste en expresar con otras palabras lo que dicen las partes, resaltando los elementos constructivos y clarificando la información.

 EJEMPLO

Una persona dice: "Los jóvenes no respetan nada, están todo el día molestando".

Reformulación mediadora: "Lo que te preocupa es que algunas conductas generan molestias y te gustaría que se respetaran las normas para convivir mejor".

Escucha activa

Implica prestar atención plena al discurso verbal y no verbal, validando emociones y demostrando interés genuino.

 EJEMPLO

Una vecina expresa su preocupación por el ruido del parque por la noche.

Mediadora: "Entonces, para ti el principal problema no es el uso del parque en sí, sino el ruido nocturno que interfiere con vuestro descanso, ¿es así?".

Preguntas abiertas

Permiten profundizar en necesidades, intereses y percepciones.

 **EJEMPLO**

"¿Qué necesitarías para sentir que este acuerdo es justo?".

Reencuadre

Ayuda a cambiar la mirada del problema, pasando de posiciones enfrentadas a intereses compartidos.

 **EJEMPLO**

Transformar "Quiero que callen a sus hijos" en "Buscamos un entorno tranquilo para la convivencia".

Lluvia de ideas

Técnica para generar múltiples alternativas sin juzgar inicialmente su viabilidad.

 **EJEMPLO**

Tras definir el problema (ruido nocturno), la mediación pide propuestas: "Mencionemos todas las posibles soluciones que se os ocurran, sin evaluarlas todavía. Después las valoraremos".

Continúa en página siguiente >>

<< Viene de página anterior

Posibles aportaciones:

- Cerrar el parque a partir de cierta hora.
- Crear una zona juvenil más alejada de las viviendas.
- Reforzar la iluminación y la vigilancia comunitaria.
- Programar actividades juveniles supervisadas.

Silencio estratégico

El uso consciente del silencio puede invitar a la reflexión, disminuir la tensión y dar espacio a la expresión emocional.

 EJEMPLO

Una participante explica entre lágrimas los conflictos con sus vecinos: "Estoy agotada, parece que haga lo que haga todo el mundo me señala...".

Mediadora: mantiene unos segundos de silencio, mantiene contacto visual amable, asiente suavemente.

La persona continúa: "Lo único que quiero es vivir tranquila y que mis hijos puedan jugar sin problemas. No busco conflictos".

4.3. Comunicación efectiva, negociación colaborativa y gestión emocional

En todos los procesos de mediación, el eje central es la comunicación. La persona mediadora actúa como facilitadora del diálogo, garantizando que cada parte pueda expresarse y ser escuchada en igualdad de condiciones.

Para ello, se aplican distintas estrategias con el objetivo de fomentar la empatía, la cooperación y la claridad, favoreciendo acuerdos sostenibles y beneficiosos para las partes implicadas y para la comunidad. Te mostramos a continuación, cuáles son las estrategias más utilizadas.

Comunicación efectiva

Una comunicación clara y respetuosa evita malentendidos y reduce tensiones.

Entre las herramientas principales destacan:

- **Escucha activa** para comprender contenidos y emociones.
- **Mensajes en primera persona** ("Yo siento/yo necesito") para evitar culpabilizaciones.
- **Reformulación y síntesis** para clarificar ideas y verificar la comprensión mutua.
- **Lenguaje no verbal** coherente, abierto y respetuoso.

Negociación colaborativa

La negociación en mediación se basa en el enfoque ganar–ganar, donde las partes trabajan juntas para encontrar soluciones equitativas.

Principios clave:

- Foco en intereses, no en posiciones rígidas.
- Búsqueda de alternativas creativas.
- Generación de compromisos realistas y verificables.
- Toma de decisiones conjunta y equilibrada.

Gestión emocional

Las emociones forman parte del conflicto y deben ser atendidas. La mediación busca **reconocerlas, regularlas y canalizarlas positivamente**.

La persona mediadora:

- Facilita la expresión emocional segura.
- Detecta señales de tensión, frustración o miedo.
- Ayuda a transformar emociones intensas en diálogo constructivo.
- Refuerza actitudes empáticas y colaborativas.

 **EJEMPLO**

En una comunidad de vecinos surge un conflicto porque un grupo quiere ampliar el huerto comunitario y otro grupo prefiere usar ese espacio para actividades infantiles.

Posiciones iniciales:

Grupo A: "Queremos el espacio para ampliar el huerto".
Grupo B: "Queremos el espacio para juegos infantiles".

Si solo trabajamos en las posiciones, acabarían en un ganar-perder. Entonces la persona mediadora interviene y explora intereses:

Grupo A: Valora la sostenibilidad, el aprendizaje comunitario y la alimentación saludable.
Grupo B: Necesita espacios seguros y accesibles para la infancia.

Entonces, se empiezan a buscar soluciones de forma colaborativa a través de la lluvia de ideas:

- Dividir el espacio para ambas actividades.
- Crear huertos elevados en parte del área y dejar suelo libre para juegos.
- Organizar talleres infantiles dentro del propio huerto para unir ambas necesidades.
- Conseguir módulos temporales mientras el Ayuntamiento habilita otra zona.

Entonces, el acuerdo final es un diseño mixto de zona de huerto + espacio de juego infantil + actividades conjuntas de huerto escolar.

 TAREA 2

En el barrio de Los Almendros existe un espacio comunitario multiusos. En los últimos meses, un grupo vecinal juvenil ha comenzado a reunirse allí por las tardes para ensayar música urbana. Un grupo de vecinos mayores ha expresado malestar por el ruido y por considerar que se ha perdido la tranquilidad del barrio. Esto ha generado discusiones en la plaza y varias quejas al Ayuntamiento.

Continúa en página siguiente >>

<< Viene de página anterior

El Ayuntamiento propone iniciar una mediación comunitaria para gestionar la situación.

¿Cuáles serían las principales fases del proceso de mediación en este caso? Describe brevemente qué ocurriría en cada una.

Indica dos técnicas de gestión del conflicto que emplearías durante el proceso (por ejemplo, escucha activa, reformulación, lluvia de ideas, silencio estratégico...). Explica brevemente por qué son adecuadas.

Propón una posible solución colaborativa que atienda a los intereses de ambos grupos.

5. Resumen

En esta unidad se han analizado los fundamentos de la mediación comunitaria como herramienta para gestionar los conflictos. Se han definido los conceptos clave relacionados con el conflicto comunitario, identificando sus características, sus tipologías y los factores sociales, culturales y estructurales que lo originan.

Del mismo modo, se ha profundizado en la mediación comunitaria, revisando sus objetivos, sus principios éticos, sus valores y los ámbitos de aplicación, así como los criterios que determinan cuándo resulta adecuada o cuándo deben considerarse otras vías.

Finalmente, se han estudiado las fases del proceso de mediación y las principales técnicas de comunicación y gestión emocional que se utilizan.

Con todo ello, los aspectos más relevantes han sido:

Conceptos clave	Factores del conflicto
- Conflicto comunitario, convivencia y cohesión social, mediación comunitaria y participación ciudadana.	- Factores socioculturales, factores estructurales y factores de comportamiento.

Continúa en página siguiente >>

<< Viene de página anterior

Mediación comunitaria

- Qué es y para qué sirve.
- Cuándo aplicarla.
- Ámbitos de aplicación.

Principios y valores

- Voluntariedad.
- Imparcialidad y neutralidad.
- Confidencialidad.
- Igualdad y equidad.
- Respeto y participación social.

Fases del proceso de mediación

- Premediación.
- Inicio y presentación.
- Definición del problema.
- Generación de opciones.
- Negociación y acuerdo.
- Cierre y seguimiento.

Técnicas esenciales

- Escucha activa.
- Reformulación.
- Preguntas abiertas.
- Silencio estratégico.
- Negociación colaborativa.

Ejercicios de autoevaluación
Unidad de Aprendizaje 1

1. El conflicto comunitario se caracteriza por...

    a. ... afectar únicamente a dos personas, sin impacto social.
    b. ... ocurrir en entornos compartidos y afectar a la convivencia.
    c. ... ser siempre un proceso violento.
    d. ... poder resolverse solo mediante intervención legal.

2. Determina si la siguiente oración es verdadera o falsa: "Un conflicto siempre es negativo y debe evitarse".

- Verdadero
- Falso

3. Según Galtung, los factores estructurales del conflicto se relacionan con:

    a. Falta de comunicación interpersonal.
    b. Marcos sociales que generan desigualdad.
    c. Malentendidos de información.
    d. Diferencias en valores personales.

4. ¿Cuál de estos sería un conflicto de intereses?

    a. Una parte desea usar un espacio para ocio y otra para actividades educativas.
    b. Un malentendido por información incorrecta.
    c. Diferencias culturales y de valores.
    d. Falta de escucha activa entre las partes.

5. Determina si la siguiente oración es verdadera o falsa: "La mediación comunitaria puede utilizarse incluso cuando una de las partes no quiere participar".

- Verdadero
- Falso

6. ¿En qué fase de la mediación se define conjuntamente el problema?

    a. Premediación
    b. Generación de opciones
    c. Definición del problema
    d. Cierre y seguimiento

7. ¿Cuál no es un principio de la mediación comunitaria?

    a. Neutralidad
    b. Confidencialidad
    c. Voluntariedad
    d. Imposición de acuerdos

8. Determina si la siguiente oración es verdadera o falsa: "La escucha activa incluye validar emociones y parafrasear lo que expresa la otra parte".

    ■ Verdadero
    ■ Falso

9. ¿Qué técnica consiste en repetir con tus propias palabras lo que la otra persona ha dicho?

    a. Reformulación
    b. Juicio moral
    c. Confrontación
    d. Instrucción directiva

10. El silencio estratégico en mediación sirve para...

    a. ... crear tensión en las partes.
    b. ... facilitar la reflexión y permitir que emerjan ideas y emociones.
    c. ... finalizar la sesión más rápido.
    d. ... sustituir la escucha activa.

Desarrollo, acuerdos y evaluación en los procesos de mediación comunitaria

Contenido

Objetivos

Los objetivos específicos de esta Unidad de Aprendizaje son:

→ Identificar el papel, los derechos y las responsabilidades de las partes implicadas en un proceso de mediación comunitaria.

→ Reconocer las funciones, las competencias y los principios éticos del/la profesional de la mediación.

→ Elaborar un acuerdo de mediación comunitaria y establecer mecanismos de seguimiento y evaluación del proceso.

→ Aplicar criterios e indicadores para evaluar el proceso de mediación y la eficacia de los acuerdos alcanzados.

→ Completar correctamente la documentación asociada al proceso de mediación utilizando actas, fichas e informes, así como herramientas digitales básicas para su gestión y archivo.

→ Valorar la importancia de la fiabilidad, la validez y la confidencialidad de la información utilizada en un proceso de mediación comunitaria.

1. Introducción

La mediación comunitaria se basa en unos principios y fundamentos, pero también requiere comprender las fases del proceso, la elaboración de acuerdos y los mecanismos de evaluación. Este enfoque resulta especialmente relevante en intervenciones comunitarias orientadas a promover relaciones más igualitarias, prevenir situaciones de desigualdad y fortalecer la participación social de mujeres y otros colectivos. La mediación, por tanto, no solo aborda conflictos, sino que contribuye a construir entornos más inclusivos y sensibles a las dinámicas sociales presentes en cada comunidad.

El éxito de la mediación depende no solo de la comunicación efectiva y la gestión emocional durante las sesiones, sino también del cumplimiento riguroso de principios como la confidencialidad, la protección de datos y la correcta documentación de cada etapa del proceso. Evaluar los resultados, dar seguimiento a los acuerdos y utilizar herramientas digitales seguras son aspectos clave para garantizar la transparencia del proceso.

En el barrio Los Almendros, tras la creación del servicio de mediación comunitaria, se ha avanzado hacia una gestión más estructurada de los conflictos. Actualmente, el equipo mediador trabaja en la elaboración de acuerdos claros y en el diseño de mecanismos de evaluación y archivo digital que permitan medir los resultados, mejorar la participación social (incluyendo de forma activa la voz de las mujeres) y fortalecer la convivencia.

2. El papel de las personas implicadas y del/la profesional en el proceso de mediación

☞ **HILO CONDUCTOR**

En el barrio Los Almendros, un conflicto entre la asociación vecinal y un grupo de comerciantes por la ocupación del espacio público ha obligado al Ayuntamiento a intervenir. Antes de iniciar la mediación, es fundamental definir quiénes participarán en el proceso y el papel de cada uno: las partes implicadas, la persona mediadora y las redes comunitarias que pueden ofrecer apoyo.

La **mediación comunitaria** se construye sobre la base de las relaciones humanas: personas con necesidades, emociones, expectativas y responsabilidades compartidas. Para que un proceso de mediación sea efectivo, es imprescindible comprender el papel que desempeña cada participante y la importancia de la figura profesional que facilita el diálogo.

El papel de la persona mediadora es facilitar la comunicación y favorecer acuerdos equitativos entre las partes implicadas.

2.1. Elementos de la mediación

Para comprender el papel de las personas implicadas en un proceso de mediación, es necesario identificar los componentes fundamentales que intervienen en él. La mediación no es solo un encuentro entre partes en conflicto, sino una **dinámica estructurada** donde confluyen personas, espacios y técnicas orientadas a facilitar el diálogo y la búsqueda de acuerdos.

Los elementos esenciales que conforman cualquier proceso de mediación comunitaria son:

- **Las partes:** son las protagonistas de la mediación. Pueden ser personas, entidades, grupos, asociaciones, empresas, etc. Son las que marcan las pautas del proceso y es imprescindible que exista igualdad o equilibrio entre ellas.
- **La persona mediadora:** es aquella tercera parte que actúa en el proceso de mediación como conductora o dinamizadora. Debe ser imparcial y debe respetar en la medida de lo posible la voluntad de las partes. Asimismo, debe favorecer la comprensión y la empatía de estas, creando perspectivas positivas de futuro y nuevas formas de resolver las disputas en sus vidas.

➲ **El espacio:** el lugar donde se realiza el proceso también es importante. En función de cuál sea este, puede favorecer un ánimo negativo o positivo, conciliador o de lucha, tranquilo o tenso. El espacio contribuye al éxito o al fracaso del proceso de mediación.

➲ **La técnica:** lo que se busca es facilitar un marco de comunicación entre las personas y corregir las falsas percepciones que se puedan tener sobre las personas involucradas en el conflicto, así como aumentar la confianza y el respeto entre las partes.

2.2. Derechos, deberes y responsabilidades de las partes en conflicto

En un proceso de mediación comunitaria, como se ha visto con anterioridad, las partes en conflicto son las protagonistas del cambio. Así, para garantizar un proceso justo y equilibrado, es fundamental que cada participante conozca claramente cuáles son sus derechos, sus deberes y sus responsabilidades dentro de la mediación.

Los elementos esenciales son:

➲ **Derechos:** las partes en conflicto tienen derecho a:

　◑ Participar voluntariamente en el proceso y abandonarlo si lo consideran necesario.
　◑ Ser escuchadas en un ambiente respetuoso y seguro.
　◑ Recibir un trato igualitario y equitativo.
　◑ Acceso a información clara sobre el proceso de mediación.
　◑ Expresar libremente sus intereses, sus necesidades y sus propuestas.
　◑ Confidencialidad respecto a la información compartida durante el proceso.

➲ **Deberes:** las partes tienen el deber de:

　◑ Respetar los turnos de palabra y la intervención de los demás.
　◑ Colaborar de buena fe y mantener una actitud constructiva.
　◑ Cumplir las normas y los acuerdos establecidos en la mediación.
　◑ Evitar conductas ofensivas, amenazantes o descalificadoras.
　◑ Aportar información veraz y relevante para el proceso.

⊃ **Responsabilidades**: las partes son responsables de:

- ⋃ Participar activamente en la búsqueda de soluciones.
- ⋃ Reconocer su papel en el conflicto y trabajar en sus propios comportamientos.
- ⋃ Valorar las alternativas y llegar a compromisos realistas.
- ⋃ Cumplir los acuerdos alcanzados durante la mediación.
- ⋃ Mantener el clima de respeto y colaboración durante y después del proceso.

2.3. El/la profesional de la mediación: funciones, competencias y ética profesional

La persona mediadora juega un papel fundamental en los procesos de mediación. Su función principal es facilitar el diálogo entre las partes y acompañarlas en la construcción de acuerdos y en la comprensión mutua. Es importante destacar que no tiene poder, es decir, no impone decisiones ni toma partido, es un apoyo neutral y especializado que acompaña a las partes.

Así, los elementos más relevantes de la persona mediadora son los que detallamos a continuación.

Rol

La persona mediadora es un/a tercero/a neutral cuya función principal es **facilitar la comunicación entre las partes** en conflicto. Su rol se basa en:

- ⊃ Ser guía del proceso sin imponer soluciones.
- ⊃ Promover la escucha activa y el respeto mutuo.
- ⊃ Acompañar la identificación de necesidades e intereses.
- ⊃ Garantizar un espacio seguro y equitativo.
- ⊃ Ayudar a las partes a empoderarse para gestionar futuros conflictos.
- ⊃ Además, en mediación comunitaria es un/a agente de convivencia y cohesión social.

Funciones

La persona mediadora asume funciones como:

- ⊃ Crear un clima de confianza y respeto.
- ⊃ Garantizar la igualdad de participación entre las partes.

- Facilitar la comunicación y el diálogo.
- Ayudar a identificar intereses, necesidades y preocupaciones.
- Gestionar emociones y tensiones durante las sesiones.
- Guiar el proceso paso a paso, manteniendo la estructura.
- Reformular y sintetizar información, favoreciendo la claridad.
- Acompañar la búsqueda de alternativas y acuerdos.
- Velar por el cumplimiento de las reglas del proceso.
- Realizar el seguimiento, si está previsto.

Competencias

Entre las competencias necesarias destacan:

Competencias personales

- Empatía y capacidad de escucha activa.
- Asertividad y autocontrol emocional.
- Paciencia y capacidad para gestionar conflictos y estrés.
- Imparcialidad y equilibrio emocional.

Competencias comunicativas

- Reformulación, síntesis y clarificación.
- Habilidad para hacer preguntas abiertas y exploratorias.
- Gestión del silencio, los turnos y los tiempos.

Competencias técnicas

- Conocimiento de métodos y fases de la mediación.
- Manejo de técnicas de negociación colaborativa.
- Identificación de intereses vs. posiciones.
- Herramientas para analizar conflictos y dinámicas sociales.

Ética profesional

La ética es el marco que guía el comportamiento profesional. Incluye:

- **Imparcialidad y neutralidad:** no tomar partido.
- **Voluntariedad:** respetar la decisión de participar o retirarse.
- **Confidencialidad:** proteger toda la información compartida.
- **Respeto y dignidad:** trato igualitario y no discriminatorio.
- **Autonomía de las partes:** decisiones libres y responsables.

- **Competencia profesional:** formación continua y mejora constante.
- **Transparencia** sobre el proceso y sus límites.

 **RECUERDA**

Ser imparcial no significa no tener opinión, sino no imponerla ni favorecer a ninguna de las partes. Si en algún momento se siente que no se va a poder mantener la neutralidad, el deber profesional es ponerlo en conocimiento y valorar la continuidad del caso.

2.4. Redes comunitarias y recursos de apoyo

En los procesos de mediación comunitaria es fundamental apoyar en la red de recursos de la comunidad. Estos agentes contribuyen aportando información, acompañamiento y seguimiento de los acuerdos alcanzados. El poder trabajar en red ayuda a optimizar recursos, dando respuestas coordinadas y promoviendo la corresponsabilidad social.

Los recursos comunitarios más relevantes son:

- **Servicios públicos comunitarios:** incluyen ayuntamientos, servicios sociales municipales, oficinas de convivencia, policía comunitaria y centros educativos.
- **Entidades sociales y asociaciones vecinales:** ONG, asociaciones culturales, juveniles, de personas mayores, de personas migradas o colectivos vecinales.
- **Recursos educativos y culturales:** centros cívicos, bibliotecas, centros educativos y espacios comunitarios que promueven programas de convivencia, talleres, campañas de sensibilización y actividades integradoras.
- **Servicios especializados:** equipos de orientación, servicios psicológicos comunitarios, oficinas de vivienda, puntos de información a familias o servicios de mediación municipales.
- **Ciudadanía y redes informales:** liderazgos positivos, mediadores/as naturales y redes vecinales que facilitan diálogo.

 **EJEMPLO**

En el barrio Los Almendros, surge un conflicto por el uso del patio exterior de un centro cívico entre jóvenes que realizan actividades deportivas y vecinas mayores que reclaman tranquilidad. Para gestionarlo, se activa la red comunitaria:

- Los servicios sociales municipales reúnen a las partes y recogen sus necesidades.
- El centro cívico facilita un espacio neutral y propone actividades intergeneracionales.
- Una asociación juvenil organiza horarios alternativos de uso.
- Una entidad vecinal impulsa campañas de convivencia y participación.
- La mediadora comunitaria acompaña el proceso y facilita el acuerdo.

Gracias al trabajo en red, se llega a un compromiso colaborativo: horarios pactados, programa intergeneracional de ocio y creación de un canal estable de comunicación vecinal.

 ACTIVIDAD 3

Durante una sesión de mediación en el barrio Los Almendros, la persona mediadora observa que una de las partes apenas mira a la otra, evita responder a sus planteamientos y solo repite su posición inicial sin mostrar interés por comprender el punto de vista contrario. Analiza las siguientes afirmaciones y selecciona si son verdaderas o falsas respecto a esta situación.

a. Esta actitud dificulta la escucha activa y puede bloquear el avance del proceso.
b. La escucha activa implica únicamente permanecer en silencio mientras la otra persona habla.
c. Mostrar interés por comprender las necesidades de la otra parte es una conducta esencial en mediación.
d. La persona mediadora debe intervenir para fomentar un clima de diálogo equilibrado y respetuoso.

ACTIVIDAD COMPLEMENTARIA

2. Identifica una red, una entidad o un recurso comunitario de apoyo presente en tu ciudad o comunidad autónoma que pueda colaborar en procesos de mediación (p. ej., servicios sociales, entidades vecinales, asociaciones comunitarias, centros cívicos, programas de convivencia, etc.).

---

3. Confidencialidad, validez y gestión de la información en la mediación

 HILO CONDUCTOR

En Los Almendros, durante las primeras reuniones del proceso, algunas personas participantes expresan temor a que sus opiniones sean difundidas fuera del grupo. La mediadora recuerda la importancia de la confidencialidad y explica los mecanismos de protección de datos que garantizan un entorno seguro y de confianza.

Uno de los pilares de la mediación comunitaria es la adecuada gestión de la información. Durante el proceso, las partes comparten datos, emociones y experiencias, por lo que se debe manejar la información de forma responsable y profesional. Garantizar la confidencialidad y la protección de datos es una obligación ética y, además, genera confianza al crear un clima seguro donde las personas se van a poder expresar con libertad.

Así, la persona mediadora debe asegurar que la información se recopila, registra y custodia siguiendo criterios legales, profesionales y éticos.

Protección y gestión segura de la información en procesos profesionales.

3.1. Alcance y límites del principio de confidencialidad

La **confidencialidad** es un principio básico en los procesos de mediación que ayuda a crear un entorno seguro y de confianza para las partes involucradas. Así, en primer lugar, la persona mediadora debe verbalizar esa **privacidad** de las sesiones. Ni la persona mediadora ni las partes pueden revelar información a terceros sin consentimiento. Por otro lado, en la privacidad va incluida la **protección de información sensible.**

Así, es importante conocer qué garantiza la confidencialidad y también qué límites tiene:

Garantías de la confidencialidad
- Privacidad y seguridad para las partes.
- Espacio seguro para expresar emociones y necesidades.
- Protección de datos personales y sensibles.
- Imparcialidad y neutralidad del proceso.

Límites legales
- Riesgo para la seguridad o integridad de la persona (por ejemplo: situaciones de violencia).
- Indicios de delito o cuando exista obligación legal de comunicar información.
- Situaciones que impliquen a menores o personas vulnerables.

 **PARA SABER MÁS**

La Ley 5/2012 regula en España la mediación en asuntos civiles y mercantiles, estableciendo los principios fundamentales (voluntariedad, imparcialidad, neutralidad y confidencialidad), así como los requisitos de la persona mediadora, los efectos de los acuerdos alcanzados y las condiciones de los procedimientos de mediación. Puedes ver la normativa completa desde aquí.

https://redirectoronline.com/1128050201

3.2. Protección de datos y custodia de la información

En los procesos de mediación comunitaria es fundamental tener una **gestión responsable de la información.** Los datos personales y los documentos generados deben tratarse conforme a la normativa vigente —especialmente el Reglamento General de Protección de Datos (RGPD) y la LOPDGDD en España—, garantizando la privacidad y los derechos de todas las personas implicadas. La confianza en el proceso aumenta cuando hay una adecuada **protección** y **custodia** de la información.

Por tanto, es importante conocer:

Principios clave
- **Consentimiento informado:** las partes deben conocer qué datos se recogen, para qué se utilizan y quién los custodia.
- **Minimización:** solo se recogen datos necesarios para el proceso.
- **Seguridad:** almacenamiento protegido (físico o digital).
- **Acceso restringido:** solo las personas autorizadas pueden acceder a los expedientes.
- **Eliminación o archivo** seguro tras finalizar el proceso según normativa.

Continúa en página siguiente >>

<< *Viene de página anterior*

Buenas prácticas en la custodia
- Guardar actas y documentos en sistemas seguros.
- Evitar el intercambio de datos sensibles por medios no protegidos.
- Uso de claves y sistemas cifrados si se trabaja con herramientas digitales.
- Establecer plazos de conservación y destrucción segura de documentos.

 EJEMPLO

En el Servicio de Mediación Comunitaria del Ayuntamiento de Los Almendros, cada expediente se guarda en una carpeta digital protegida con contraseña y acceso restringido únicamente al equipo mediador.

Las actas impresas se almacenan en un archivador cerrado con llave y, transcurrido el plazo legal de conservación, se destruyen de forma segura mediante una empresa certificada.

De esta forma, se garantiza la confidencialidad y el cumplimiento de la normativa sobre protección de datos personales.

 TAREA 3

En el barrio Los Almendros, el equipo de mediación está gestionando un conflicto entre una asociación juvenil y un grupo vecinal. Durante el proceso, se dan varias situaciones problemáticas relacionadas con el tratamiento de la información:

- Una de las partes presenta una lista de firmas de apoyo, pero el documento no tiene fecha y algunas personas afirman no haber firmado.
- Un voluntario de una entidad colaboradora ofrece a la mediadora capturas de pantalla de un grupo privado de mensajería sin permiso de sus miembros.
- La persona mediadora descubre que en un acta interna se incluyó información sensible sobre un menor sin consentimiento de su tutora legal.

Continúa en página siguiente >>

<< Viene de página anterior

- Una de las partes pide acceso a toda la información que ha aportado la otra "para aclararse mejor", sin que haya autorización para compartirla.

Identifica dos riesgos derivados de utilizar información que no sea fiable o válida en un proceso de mediación.

Explica cuáles de las situaciones descritas vulneran la confidencialidad y por qué.

Propón dos medidas concretas que debería aplicar el equipo mediador para garantizar un tratamiento adecuado de la información (fiabilidad, validez y confidencialidad).

----

4. Los acuerdos en la mediación comunitaria

☞ HILO CONDUCTOR

En el barrio Los Almendros han necesitado varias sesiones de diálogo para que las partes comiencen a construir propuestas de consenso. La mediadora ha acompañado el proceso ayudando a transformar las demandas en compromisos concretos. La redacción del acuerdo final será clave para asegurar que lo pactado sea claro, justo y viable.

El resultado tangible del proceso de mediación comunitaria son los **acuerdos.** Son el cierre de la mediación y el punto de partida para la mejora de la convivencia y la confianza mutua.

Un buen acuerdo refleja los intereses comunes, garantiza la viabilidad de los compromisos asumidos y fomenta la corresponsabilidad. Además, su elaboración y su seguimiento requieren claridad, rigor y respeto por los principios éticos y legales de la mediación.

El acuerdo simboliza el compromiso mutuo y la confianza alcanzada entre las partes tras un proceso de diálogo.

4.1. Elaboración, estructura y validez de los acuerdos

La elaboración del acuerdo es una de las fases más significativas de la mediación, ya que representa el paso de la confrontación al consenso. El objetivo es **construir conjuntamente un compromiso realista y sostenible** entre las partes.

Un buen acuerdo debe ser fruto del diálogo, la comprensión mutua y la voluntad de las personas implicadas. La persona mediadora actúa como **facilitadora del proceso,** asegurándose de que el texto refleje lo que las partes han decidido libremente, sin imponer soluciones externas.

Los aspectos fundamentales para asegurar que los compromisos alcanzados sean claros, justos y sostenibles en el tiempo son:

Estructura básica del acuerdo

- Identificación de las partes: nombres o denominaciones de quienes intervienen y, en su caso, de las entidades que representan.
- Descripción del conflicto: breve resumen de la situación que motivó el proceso.
- Acuerdos alcanzados: compromisos concretos, expresados en lenguaje claro, positivo y verificable.
- Responsabilidades y plazos: especificar qué hace cada parte, cuándo y cómo.
- Seguimiento o revisión: posibilidad de reunirse para valorar el cumplimiento o resolver incidencias.
- Firma y validación: las partes ratifican su compromiso; puede añadirse el sello de la entidad mediadora si procede.

Requisitos de validez del acuerdo

◊ Voluntariedad: todas las partes lo aceptan libremente.
◊ Claridad y concreción: evita ambigüedades o compromisos imposibles de medir.
◊ Legalidad: no puede contradecir la legislación vigente ni vulnerar derechos.
◊ Equidad: garantiza que ninguna parte quede en situación de desventaja.
◊ Viabilidad: los compromisos deben ser realistas y sostenibles en el tiempo.

 **RECUERDA**

Un acuerdo efectivo no es el más extenso, sino el que mejor refleja los intereses reales de las partes y favorece una convivencia positiva a largo plazo. Es recomendable revisar su redacción final junto con las personas implicadas para asegurar que todas comprenden y aceptan su contenido.

4.2. Mecanismos de seguimiento y revisión

El seguimiento de los acuerdos forma parte del proceso de mediación y tiene como objetivo **valorar su cumplimiento y la evolución de las relaciones entre las partes.** Es una **fase de acompañamiento** que permite consolidar los logros alcanzados y prevenir nuevos conflictos.

En muchos casos, el seguimiento es una oportunidad para **evaluar la eficacia del acuerdo,** detectar posibles dificultades en su aplicación y reforzar la confianza mutua.

Para que el proceso de seguimiento funcione, es necesario conocer sus funciones y las herramientas principales:

Funciones principales del seguimiento

◊ Comprobar el cumplimiento de los compromisos establecidos en el acuerdo.
◊ Valorar la satisfacción de las partes no solo en términos de resultados, sino también de convivencia y comunicación.

◯ Identificar obstáculos o malentendidos que dificulten la aplicación de lo pactado.
◯ Reforzar la autonomía de las partes, evitando la dependencia del servicio de mediación.
◯ Actualizar o ajustar los acuerdos cuando cambian las circunstancias.

Herramientas para el seguimiento y la revisión

◯ **Reuniones de seguimiento programadas:** se acuerdan en la fase de cierre y permiten valorar conjuntamente los avances.
◯ **Contactos breves o telefónicos:** útiles cuando solo se requiere confirmar la continuidad o pequeños ajustes.
◯ **Informes de seguimiento:** documentos donde la persona mediadora registra incidencias, acuerdos modificados o logros conseguidos.
◯ **Evaluaciones de satisfacción:** breves cuestionarios que recogen la percepción de las partes sobre el proceso y sus resultados.

 EJEMPLO

En el barrio Los Almendros, tras un proceso de mediación por el uso compartido de un espacio comunitario, las partes acordaron reunirse cada dos meses durante seis meses. En esas reuniones, la persona mediadora verificó que los acuerdos se mantenían, ajustó algunos horarios y, finalmente, las partes pudieron continuar su convivencia sin necesidad de más intervenciones. Este seguimiento demuestra la flexibilidad del proceso de mediación, siendo este un proceso vivo.

5. Evaluación y seguimiento de los procesos de mediación

 HILO CONDUCTOR

Un mes después de firmar el acuerdo, el equipo de mediación de Los Almendros organiza una reunión de seguimiento en la que se analizan los avances y las dificultades encontradas. La evaluación permite valorar la eficacia del proceso y ajustar los compromisos para mantener la convivencia.

La **evaluación** del proceso de mediación comunitaria busca medir la eficacia del proceso, valorar los resultados y mejorar la práctica profesional. Al realizar la evaluación, se obtiene información acerca del grado de cumplimiento de los acuerdos, de la satisfacción de las partes y del impacto del proceso en la convivencia comunitaria.

Además, el **seguimiento posterior** es útil para detectar nuevas necesidades o conflictos.

La evaluación del proceso de mediación permite identificar el nivel de satisfacción de las partes y mejorar la calidad de la intervención.

5.1. Criterios e indicadores de evaluación

La evaluación de los procesos de mediación comunitaria debe basarse en **criterios objetivos y medibles** que permitan analizar tanto los resultados alcanzados como la calidad del propio proceso. Estos criterios ayudan a valorar si la intervención ha cumplido sus objetivos, si los acuerdos se mantienen y si las relaciones entre las partes han mejorado.

Los criterios y los indicadores más relevantes son:

Criterios de evaluación
- **Cumplimiento del acuerdo:** grado en que las partes respetan los compromisos establecidos.
- **Satisfacción de las partes:** percepción sobre la equidad del proceso, la utilidad de los acuerdos y el trato recibido.
- **Durabilidad de los resultados:** estabilidad del acuerdo en el tiempo y prevención de nuevos conflictos.
- **Mejora de la comunicación:** capacidad adquirida por las partes para dialogar y resolver diferencias futuras.
- **Impacto comunitario:** contribución a la cohesión social y a la convivencia en el entorno.
- **Calidad del proceso:** adecuación de las técnicas empleadas, del tiempo dedicado y del acompañamiento realizado.

Indicadores de evaluación
- Para medir estos criterios, se pueden utilizar diferentes tipos de indicadores:

Cuantitativos
- Número de acuerdos alcanzados.
- Porcentaje de acuerdos cumplidos.
- Tasa de reincidencia o aparición de nuevos conflictos.

Cualitativos
- Opiniones y valoraciones de las partes.
- Observaciones de la persona mediadora sobre el clima relacional.
- Testimonios sobre cambios en la convivencia o la comunicación.

Estos indicadores se pueden recoger a través de **entrevistas, encuestas de satisfacción, registros de seguimiento o actas de revisión,** garantizando siempre la confidencialidad de la información.

5.2. Herramientas de retroalimentación y mejora

Una de las fases principales en los procesos de evaluación es la retroalimentación, que permite **recoger opiniones, identificar aprendizajes y detectar posibles áreas de mejora.** A través de esta información, los equipos pueden ajustar sus metodologías, reforzar la formación y ofrecer respuestas más eficaces a las necesidades.

Los objetivos principales de la retroalimentación son:

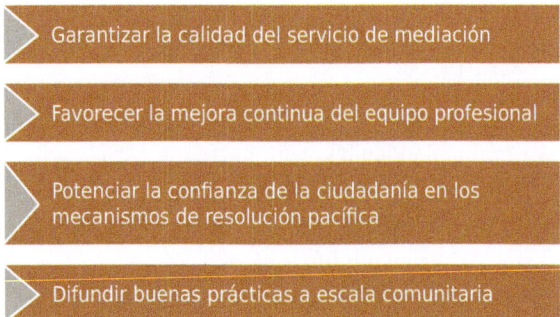

Garantizar la calidad del servicio de mediación

Favorecer la mejora continua del equipo profesional

Potenciar la confianza de la ciudadanía en los mecanismos de resolución pacífica

Difundir buenas prácticas a escala comunitaria

Las principales herramientas de retroalimentación son:

- **Encuestas de satisfacción:** se aplican al finalizar el proceso para conocer la valoración de las partes sobre la atención recibida, la imparcialidad de la persona mediadora y la utilidad del acuerdo alcanzado.
- **Entrevistas de seguimiento:** permiten obtener información más cualitativa sobre la experiencia de las partes y los efectos del proceso a medio plazo.
- **Reuniones de revisión interna:** espacios donde el equipo de mediación analiza casos finalizados, comparte aprendizajes y elabora propuestas de mejora.
- **Informes de evaluación anual:** documentos que recopilan datos, resultados y buenas prácticas del servicio para orientar la planificación futura.
- **Buzones o canales de sugerencias:** presenciales o digitales, fomentan la participación ciudadana y la transparencia del servicio.

◁◎▷ EJEMPLO

El Servicio de Mediación Comunitaria de Terrassa aplica encuestas anónimas tras cada intervención, valorando aspectos como la escucha, la neutralidad y la utilidad de los acuerdos. Los resultados se analizan trimestralmente y se traducen en acciones concretas, como la revisión de protocolos o la organización de talleres formativos para el equipo.

6. Cumplimentación de la documentación asociada al proceso de mediación

☞ HILO CONDUCTOR

Finalizado el caso en Los Almendros, la mediadora completa las actas y el informe final del proceso. La documentación se archiva de forma segura y digital, garantizando la trazabilidad del caso y la confidencialidad de la información. Este registro servirá de referencia para futuras intervenciones en el barrio.

- -

La mediación comunitaria requiere una gestión rigurosa de la documentación generada en cada etapa del proceso. El registro formal del trabajo realizado se resume en actas, fichas e informes. Además, el uso de herramientas digitales y sistemas de archivo asegura una custodia responsable de la información y su accesibilidad futura.

La correcta elaboración y archivo de los documentos garantiza la transparencia, la trazabilidad y la protección de los datos en todo proceso de mediación.

6.1. Actas, fichas e informes del proceso

Durante todo proceso de mediación se generan diferentes documentos que dejan constancia de las actuaciones realizadas. Estos sirven tanto para el control interno del servicio como para la rendición de cuentas y la evaluación posterior.

Los tipos de documentos principales son:

Actas de mediación	- Recogen los datos identificativos de las partes, de la persona mediadora y de las sesiones realizadas. Pueden incluir observaciones sobre el desarrollo del proceso y, en su caso, el resultado (con o sin acuerdo).
Fichas de seguimiento	- Permiten registrar las sesiones realizadas, los temas tratados y la evolución de la comunicación entre las partes. Se suelen utilizar cuando son mediaciones de larga duración.
Informes finales	- Resumen todo el proceso describiendo el conflicto, las causas identificadas, las soluciones acordadas y los resultados del seguimiento posterior.

 PARA SABER MÁS

En el siguiente enlace se puede ver un ejemplo de acta final de mediación.

https://redirectoronline.com/1128050202

6.2. Herramientas digitales y archivo de documentos

Poder utilizar herramientas digitales facilita la gestión documental, mejora la eficiencia y refuerza la seguridad de la información. Además, permite optimizar el seguimiento de los casos, agilizar la comunicación entre el equipo mediador y reducir errores en el registro y el archivo. Estas tecnologías son muy útiles cuando los servicios comunitarios tienen un gran volumen de expedientes o cuando es trabajo en red entre diferentes entidades.

En este sentido, es importante destacar:

Ejemplos de herramientas digitales

- Plataformas de gestión de casos (CRM o *software* de mediación).
- Formularios y actas digitales con firma electrónica.
- Sistemas de almacenamiento seguro en la nube con control de acceso.
- Copias de seguridad automatizadas y cifrado de datos.

Buenas prácticas para el archivo documental

- Mantener carpetas separadas por expediente.
- Registrar cada documento con fecha y tipo.
- Garantizar la accesibilidad solo al personal autorizado.
- Aplicar plazos de conservación y eliminación conforme a la normativa de protección de datos.

RECUERDA

El archivo digital no sustituye la responsabilidad profesional: es necesario combinar seguridad, trazabilidad y confidencialidad, asegurando que cada documento pueda ser consultado o auditado en caso necesario.

- -

TAREA 4

En el barrio Los Almendros, el equipo de mediación ha logrado que las asociaciones vecinales y el grupo de comerciantes lleguen a varios puntos de entendimiento sobre el uso del espacio público. Ahora es necesario redactar el acuerdo final y definir cómo se realizará el seguimiento del proceso.

Responde a las siguientes preguntas:

- ¿Qué elementos básicos debe incluir el acuerdo final?
- Redacta un ejemplo de cláusula o compromiso que refleje un acuerdo equilibrado entre las partes.

Continúa en página siguiente >>

<< Viene de página anterior

- Indica dos criterios o indicadores que podrían utilizarse para evaluar si el acuerdo se está cumpliendo adecuadamente.
- Explica cómo se archivaría y custodiaría la documentación del proceso garantizando la confidencialidad de la información.

7. Resumen

La mediación comunitaria es un proceso estructurado que se apoya en la participación activa de las partes, en la figura neutral de la persona mediadora y en un marco ético que garantiza imparcialidad, respeto y equilibrio. Su desarrollo requiere una gestión adecuada de la información, donde la confidencialidad y la protección de datos resultan esenciales para mantener un clima seguro y de confianza.

Los acuerdos que surgen de este proceso deben ser claros, realistas y equitativos. La evaluación y el seguimiento ofrecen información clave para mejorar las intervenciones y fortalecer la convivencia comunitaria. Del mismo modo, la documentación generada cumple una función fundamental para asegurar la trazabilidad y la correcta gestión del proceso mediador.

Así, los aspectos más relevantes son:

Roles y responsabilidades	Confidencialidad y protección de datos
- Pares implicadas - Persona mediadora - Ética profesional - Redes comunitarias y de apoyo	- Límites legales - Custodia y tratamiento de la información

Acuerdos de mediación	Evaluación del proceso
- Estructura y validez - Seguimiento y revisión	- Criterios - Indicadores

Continúa en página siguiente >>

<< Viene de página anterior

Documentos y herramientas digitales

- Actas, fichas e informes
- Archivo físico y digital
- Seguridad de la información

Ejercicios de autoevaluación
Unidad de Aprendizaje 2

1. ¿Cuál de las siguientes afirmaciones describe mejor el papel de la persona mediadora?

    a. Imponer soluciones justas para ambas partes.
    b. Facilitar la comunicación y el diálogo sin tomar partido.
    c. Representar los intereses de la parte más débil.
    d. Redactar los acuerdos sin participación de las partes.

2. Las partes en mediación tienen el deber de:

    a. Respetar la confidencialidad.
    b. Aceptar todas las propuestas de la persona mediadora.
    c. Cumplir únicamente los acuerdos más favorables.
    d. Mantener en secreto sus intereses.

3. Determina si la siguiente oración es verdadera o falsa: "El espacio físico en el que se desarrolla la mediación no influye en el clima emocional ni en el resultado del proceso".

    ■ Verdadero
    ■ Falso

4. Entre las competencias personales de la persona mediadora se encuentra:

    a. La imparcialidad y el autocontrol emocional.
    b. La capacidad de imponer acuerdos.
    c. El dominio de técnicas jurídicas.
    d. La autoridad jerárquica sobre las partes.

5. ¿Cuál de los siguientes principios no forma parte de la confidencialidad en mediación?

    a. Protección de datos personales.
    b. Privacidad de la información compartida.
    c. Comunicación libre sin registro alguno.
    d. Seguridad en el tratamiento de la información.

6. Determina si la siguiente oración es verdadera o falsa: "La persona mediadora puede revelar información si detecta indicios de delito o riesgo grave para la integridad de una persona".

   ■ Verdadero
   ■ Falso

7. Un acuerdo de mediación será válido solo si:

   a. Está firmado por las partes y cumple los principios de voluntariedad y legalidad.
   b. Ha sido aprobado por una autoridad externa.
   c. Contiene cláusulas generales sin concreción.
   d. Se elabora antes del proceso de mediación.

8. Entre los criterios de evaluación del proceso de mediación se incluye:

   a. La cantidad de sesiones realizadas.
   b. La satisfacción de las partes y la durabilidad de los acuerdos.
   c. El coste económico del servicio.
   d. La antigüedad de la persona mediadora.

9. Determina si la siguiente oración es verdadera o falsa: "El uso de herramientas digitales en mediación facilita la gestión documental, mejora la eficiencia y refuerza la seguridad de la información".

   ■ Verdadero
   ■ Falso

10. ¿Cuál de los siguientes documentos resume el proceso y los resultados finales de la mediación?

   a. El acta inicial.
   b. La ficha de seguimiento.
   c. El informe final.
   d. La hoja de derivación.

Glosario

Acta de mediación
Documento oficial que recoge los datos de las sesiones, los participantes, la persona mediadora y los resultados del proceso, dejando constancia formal del desarrollo del caso.

Acuerdo de mediación
Compromiso consensuado entre las partes tras el proceso que debe ser claro, viable, equitativo, legal y voluntario. Puede incluir responsabilidades, plazos y mecanismos de seguimiento.

Análisis del conflicto
Proceso de recogida y estudio de información para comprender el origen, las causas, los actores, los intereses y los factores que influyen en un conflicto comunitario.

Confidencialidad
Principio que garantiza que la información compartida en mediación no puede divulgarse sin consentimiento. Incluye límites legales cuando existe riesgo grave o indicios de delito.

Conflicto comunitario
Situación en la que las personas o los grupos de una comunidad tienen percepciones, intereses o valores que generan tensión y afectan a la convivencia.

Custodia de la información
Conjunto de medidas para almacenar, proteger y gestionar datos y documentos de mediación siguiendo la normativa vigente (RGPD y LOPDGDD).

Diagnóstico del conflicto
Fase previa a la intervención, basada en técnicas como entrevistas, observación, mapeo o análisis documental, para comprender la situación y valorar si es mediable.

Equidad
Condición que asegura que todas las partes participen en igualdad, evitando ventajas o presiones que desequilibren el proceso. Es responsabilidad de la persona mediadora garantizarla.

Escucha activa
Técnica comunicativa que implica atención plena, validación emocional, parafraseo y comprensión profunda de lo expresado por las partes.

Etapas de la mediación
Fases del proceso formal, que son premediación, inicio, definición del problema, búsqueda de opciones, elaboración del acuerdo y cierre.

Factores socioculturales
Creencias, valores, costumbres o significados que influyen en cómo se interpretan y gestionan los conflictos en una comunidad.

Factores estructurales
Condicionantes sociales como desigualdad, acceso a recursos o relaciones de poder que generan o mantienen conflictos.

Ficha de seguimiento
Documento utilizado para registrar avances, incidencias y evolución del proceso tras los acuerdos.

Gestión emocional
Capacidad de la persona mediadora para acompañar y contener emociones intensas durante el proceso, favoreciendo un clima seguro.

Imparcialidad
Principio por el cual la persona mediadora no favorece a ninguna parte y actúa sin prejuicios ni juicios de valor.

Indicadores de evaluación
Datos cuantitativos y cualitativos utilizados para valorar la eficacia del proceso, el cumplimiento de acuerdos y la mejora de la convivencia.

Mapeo de actores
Herramienta para visualizar quiénes están implicados en el conflicto, sus vínculos, sus intereses y sus niveles de influencia.

Mediación comunitaria
Proceso participativo que facilita el diálogo entre personas o colectivos de una comunidad para resolver conflictos y fortalecer la convivencia.

Neutralidad
Compromiso profesional de no tomar decisiones por las partes ni influir en los acuerdos, permitiendo que sean ellas quienes lideren el proceso.

Premediación
Fase previa donde se analiza el caso, se contacta con las partes, se valora la viabilidad de la mediación y se genera confianza inicial.

Protección de datos
Aplicación del RGPD y la LOPDGDD en la gestión de expedientes y la documentación del proceso, garantizando privacidad y seguridad.

Principios de la mediación
Voluntariedad, imparcialidad, confidencialidad, equidad, seguridad, libertad y flexibilidad.

Reencuadre
Técnica que ayuda a transformar la visión negativa o polarizada del conflicto hacia una mirada centrada en intereses y oportunidades de diálogo.

Reformulación
Herramienta comunicativa que consiste en expresar con otras palabras lo que dice una parte, resaltando elementos constructivos y clarificando información.

Relaciones de poder
Desigualdades estructurales o situacionales que afectan la capacidad de las partes para dialogar en igualdad. Son criterio de exclusión cuando impiden un diálogo seguro.

Seguimiento
Fase posterior al acuerdo para verificar su cumplimiento, identificar dificultades y fortalecer la autonomía de las partes.

Silencio estratégico
Pausa intencionada que permite disminuir tensiones, favorecer la reflexión y abrir espacio a la expresión emocional.

Técnicas participativas
Herramientas como mesas de diálogo, asambleas o dinámicas grupales que facilitan la expresión de diferentes voces en el análisis del conflicto.

Voluntariedad
Principio fundamental según el cual las partes acceden libremente a participar y pueden abandonar el proceso en cualquier momento.

Bibliografía

Monografías

→ GARCÍA Mayo, M. (dir.): *La mediación por el mundo: un camino hacia la paz.* Madrid: Ediciones Jurídicas Olejnik, 2020.

> Recorrido amplio sobre enfoques, principios y técnicas de mediación aplicables a conflictos sociales, económicos y culturales, con una perspectiva global que actualiza la práctica de la mediación más allá del contexto jurídico tradicional

→ MARTÍNEZ-López, J. A., GARCÍA-Longoria Serrano, M. P., y RONDÓN Pereyra, U.: *El estado de la mediación en España: un análisis descriptivo del perfil y práctica profesional.* Madrid: Universidad Complutense de Madrid, 2023.

→ REDORTA, J.: *Entender el conflicto: la forma como herramienta.* Madrid: Alianza, 2007.

> Actualiza su enfoque analítico incorporando una mirada más compleja y adaptada a conflictos contemporáneos, reforzando la capacidad del alumnado para interpretar y abordar conflictos en contextos diversos.

Textos electrónicos

→ Guía de las buenas prácticas en mediación, de:
<https://www.fsima.es/wp-content/uploads/Sima-Guia-de-las-Buenas-Practicas-en-Mediacion-Version-pagweb-1.pdf>.

> La guía sintetiza criterios profesionales y pautas de calidad para la práctica de la mediación. Sirve para reforzar competencias éticas y metodológicas en procesos formales de resolución de conflictos.

→ Manual de mediación intercultural, de:
<https://www.fisc-ongd.org/wp-content/uploads/2023/09/MANUAL_DE_MEDIACION_INTERCULTURAL_online.pdf>.

Aborda los fundamentos, los retos y las estrategias de la mediación intercultural desde un enfoque práctico. Útil para trabajar intervenciones con colectivos culturalmente diversos en contextos comunitarios.

→ Mediación: herramientas y técnicas para la mediación intercultural y social, de:
<https://www.fundaciongizagune.net/wp-content/uploads/mediacion-herramientas-tecnicas.pdf>.

Este documento presenta técnicas y herramientas prácticas para procesos de mediación social e intercultural. Es útil para comprender cómo aplicar metodologías concretas en contextos reales y diversos.

Legislación

→ Ley 5/2012, de 6 de julio, de Mediación en Asuntos Civiles y Mercantiles

Norma básica que establece el marco legal de la mediación en España, reconociendo principios como la voluntariedad, la confidencialidad y la imparcialidad, fundamentales en el módulo.

→ Real Decreto 980/2013, de 13 de diciembre, por el que se desarrollan determinados aspectos de la Ley 5/2012

Regula la formación, los requisitos profesionales y las buenas prácticas. Es imprescindible para comprender el ejercicio profesional de la persona mediadora.

→ Reglamento (UE) 2016/679, General de Protección de Datos (RGPD)

Marco europeo que regula el tratamiento de datos personales, la confidencialidad y los derechos de las personas. Muy relevante en la gestión documental del proceso mediador.

→ Ley Orgánica 3/2018, de protección de datos personales y garantía de los derechos digitales (LOPDGDD)

Complementa el RGPD y establece criterios clave para la custodia y el manejo de expedientes de mediación comunitaria.

→ Agenda 2030 – Objetivo 16: Paz, justicia e instituciones sólidas

Marco internacional que impulsa métodos pacíficos de resolución de conflictos y participación ciudadana, directamente relacionado con la mediación comunitaria y el fortalecimiento de la convivencia.